AF227088

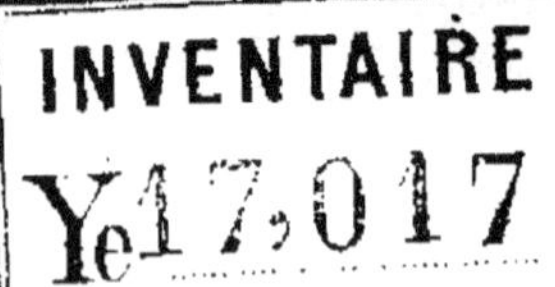

CANTIQUES
CHOISIS
A L'USAGE DES RETRAITES ET MISSIONS
DU PÉRIGORD

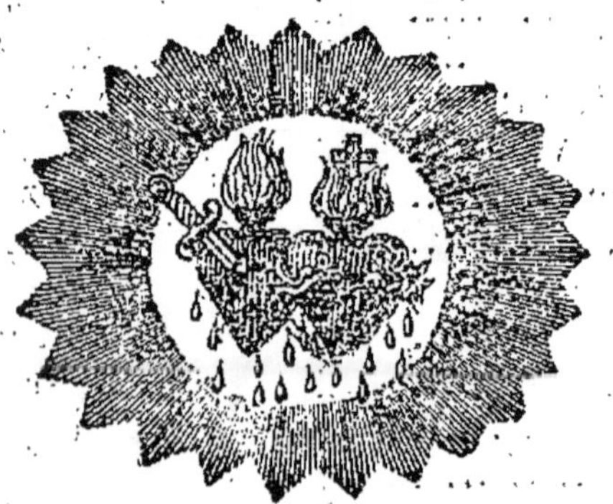

Tantum ergo Sacramentum	Genitori genitoque
Veneremur cernui,	Laus et jubilatio,
Et antiquum documentum	Salus honor virtus quoque
Novo cedat ritui :	Sit et benedictio :
Præstet fides supplementum	Procedenti ab utroque
Sensuum defectui.	Compar sit laudatio. Amen.

O salutaris hostia,	Uni trinoque Domino
Quæ cœli pandis ostium,	Sit sempiterna gloria ;
Bella premunt hostilia,	Qui vitam sine termino
Da robur, fer auxilium.	Nobis donet in patria. Amen.

Adoremus in æternum
Sanctissimum sacramentum.

Parce Domine, parce populo tuo, } (3 fois.)
Ne in æternum irascaris nobis.

PÉRIGUEUX
Imerie Boucharie et Cᵉ, rue Mataguerre, 3

1868

TABLE DES MATIÈRES.

CANTIQUES

CHOISIS.

1.

Un Dieu vient se faire entendre
Quelle ineffable faveur !
A sa voix il faut se rendre :
Il vous offre le bonheur.

Refrain. Accourez peuple fidèle
Venez à la mission ;
Le Seigneur qui vous appelle
Veut votre conversion.

Reviens, brebis fidèle,
Reviens à ton bon Pasteur ;
Sa tendresse te rappelle,
Endurciras-tu ton cœur ?

Tu méritais sa vengeance ;
Mais par un excès d'amour,
Il vient, ce Dieu de clémence,
Solliciter ton retour.

Il te parle en ami tendre :
Mais pour la dernière fois
Peut-être fait-il entendre
Les doux accents de sa voix.

Quel bonheur inestimable,
Si plein d'un vrai repentir,
De ton état déplorable,
Pécheur, tu voulais sortir !

Vois l'enfer, vois ces abîmes,
Vois ces gouffres destinés

Moins pour y punir des crimes,
Que des pécheurs obstinés.

Que faut-il donc que je fasse ?
Seigneur, oui, mon cœur est prêt.
Subjugué par votre grâce,
Je cède à ce doux attrait.

2.

Esprit saint, descendez en nous, (*bis*)
Embrasez notre cœur de vos feux les plus doux. (*bis*)

Sans vous, notre vaine prudence
Ne peut, hélas ! que s'égarer.
Ah ! dissipez notre ignorance, (*bis*)
Esprit d'intelligence.
Venez nous éclairer.

3.

Esprit saint, Dieu de lumière,
O vous que nous invoquons !
Venez des cieux sur la terre,   } *bis.*
Comblez-nous de tous vos dons.

Accordez-nous cette sagesse
Qui ne cherche que le Seigneur ;
Que notre étude soit sans cesse
De lui soumettre notre cœur.

4.

O Saint Esprit, donnez-nous vos lumières
Venez en nous pour nous embraser tous.
Guidez nos pas, et formez nos prières ;
Nous ne pouvons faire aucun bien sans vous.

Priez pour nous, sainte Vierge Marie,
Obtenez-nous grâce auprès du Sauveur.
Pour écouter les paroles de vie
Et les garder comme vous dans nos cœurs.

5.

Je viens à vous, Seigneur, instruisez-moi.

L'homme sans vous ne peut rien nous apprendre ;
Vous seul pouvez enseigner votre loi.
Vous seul au cœur (*bis*) pouvez la faire entendre. (*bis*)

Embrasez-donc d'une céleste ardeur
Celui qui vient annoncer l'Évangile ;
Faites aussi, mon Dieu, que l'auditeur
Ait pour l'entendre (*bis*) un cœur humble et docile. (*bis*)

Mère de Dieu, refuge des pécheurs,
Priez Jésus, le Sauveur de nos âmes,
Qu'à sa parole il soumette les cœurs,
Pour les remplir (*bis*) de ses divines flammes. (*bis*)

6.

DIEU.

Crois un Dieu Créateur du ciel et de la terre,
Qui conserve et gouverne en maître l'univers ;
Infini, juste et bon, de l'homme il est le père ;
Réserve aux bons le ciel, aux méchants les enfers.

Refrain.

Oui, Seigneur, nous croyons ces vérités divines,
Mais daignez augmenter cette foi dans nos cœurs.
Nul ne sera sauvé, s'il ne tient ces doctrines,
Et ne s'efforce en tout d'y conformer ses mœurs.

Autre Refrain.

Foi de nos pères,
Notre règle et notre amour,
Nous embrassons en ce jour,
Et ta morale et tes mystères,

TRINITÉ.

Crois de la Trinité le mystère suprême.
Trois personnes en Dieu : Père, Fils, Saint-Esprit;
Ils sont égaux entre eux, leur nature est la même;
L'Eglise, notre Mère, ainsi de Dieu l'apprit.

INCARNATION.

Pour laver dans son sang la tâche originelle,
Crois que le fils de Dieu pour nous s'est incarné

Sans Jésus l'homme était à la mort éternelle,
Par le péché d'Adam, justement condamné.

RÉDEMPTION.

Conçu du Saint-Esprit, né d'une Vierge-Mère,
Humble, pauvre et soumis, parmi nous il vécut,
Guérit nos maux, prêcha l'Evangile à la terre,
Et pour nous racheter, sur la croix il mourut.

RÉSURRECTION. — JUGEMENT.

Mais bientôt, sur la mort remportant la victoire,
A la droite du Père il monta dans le ciel.
Un jour nous le verrons descendre plein de gloire,
Pour prononcer à tous notre arrêt éternel.

JUSTIFICATION.

Le Père t'a créé par sa toute puissance ;
Le Fils pour te sauver a versé tout son sang ;
L'Esprit-Saint, de ses dons t'accordant l'abondance,
Rend ton cœur juste et saint, de Dieu te fait l'enfant.

PRIÈRE. — SACREMENTS.

Adresse au ciel une humble et constante prière.
Sans la grâce, à tout bien nous sommes impuissants.
De Jésus, par Marie, obtiens force et lumière,
Et surtout, avec foi, recours aux sacrements.

CONFESSION.

Dieu du plus grand pécheur reçoit la pénitence ;
Reviens humble et contrit, sois franc dans tes aveux;
Sois ferme en ton propos; sauve ton innocence
De toute occasion, de tout mal dangereux.

CONTRITION.

Pour haïr ton péché, songe aux maux qu'il amène;
Monte au ciel en esprit, vois quel trône tu perds !...
Descends, et des damnés vois l'éternelle peine !
Viens au Calvaire, et là, verse des pleurs amers !...

EUCHARISTIE.

Dans la communion, Dieu t'offre en nourriture,
Son corps, son sang, son âme et sa divinité.

S'il change ici pour toi les lois de la nature,
Il veut que ce banquet soit par toi fréquenté.

ÉGLISE. — PAPE.

Crois encore qu'ici-bas il a fondé l'Eglise ;
De son esprit divin il l'assiste toujours.
Comme à son chef suprême, au Pape il l'a soumise ;
Avec elle il sera jusqu'à la fin des jours.

FINS DERNIÈRES.

Souviens toi que pour lui, Dieu t'a mis sur la tere.
Le temps fuit, la mort vient, et puis l'éternité !...
Ou le ciel, ou l'enfer, au bout de ta carrière...
Connais, aime et sers Dieu : le reste est vanité.

7

Refrain.
Amour honneur et gloire
A Jésus mon Sauveur ;
A lui seul la victoire,
Qu'il règne dans mon cœur.   (*bis*)

Transport d'ivresse
Chant d'allégresse,
Dans ce saint jour,
Célébrez (*bis*) jusqu'aux cieux notre amour (*bis*)
Dans ce saint jour.

Que tout s'unisse
Et le bénisse ;
De ses bienfaits
Exaltons (*bis*) les ravissants attraits;   (*bis*)
De ses bienfaits.

Je veux te plaire,
Roi débonnaire ;
Toujours à toi,
Je suivrai (*bis*) ton éternelle loi,   (*bis*)
Toujours à toi.

En vain le monde
Rugit et gronde

Je ne crains rien,
Mon Jésus (*bis*) deviendra mon soutien,   (*bis*)
Je ne crains rien.

Dieu que j'adore,
Ton joug m'honore.
Pour toi mourir,
C'est mon vœu (*bis*), c'est mon ardent désir, (*bis*)
Pour toi mourir.

8.

Travaillez à votre salut ;
Quand on le veut, il est facile :
Chrétiens n'ayez point d'autre but,
Sans lui, tout devient inutile.   *bis.*

Refrain   Sans le salut, (*bis*) pensez-y bien,
Tout ne vous servira de rien.   *bis.*

Oh ! que l'on perd en le perdant !
On perd le céleste héritage,
Et par un échange effrayant,
On a l'enfer pour son partage.   *bis.*

Que sert de gagner l'univers,
Si l'on vient à perdre son âme,
Et s'il faut au fond des enfers
Brûler dans l'éternelle flamme ?   *bis.*

C'est pour toute une éternité
Qu'on est heureux ou misérable ;
Que devant cette vérité,
Tout ce qui passe est méprisable ! *bis.*

9.

Refr.   Je suis chrétien ; voilà ma gloire,
Mon espérance et mon soutien,
Mon chant d'amour et de victoire,
Je suis chrétien, je suis chrétien.

Je suis chrétien. A mon baptême
L'eau sainte a coulé sur mon front,

La grâce, en ce moment suprême,
De mon âme a lavé l'affront.

Je suis chrétien. J'ai Dieu pour père ;
A sa loi je veux obéir ;
Avec sa grâce salutaire,
Pour lui je veux vivre et mourir.

Je suis chrétien. Je suis le frère
De Jésus-Christ, mon Rédempteur.
L'aimer, le servir et lui plaire
Sera ma gloire et mon bonheur.

Je suis chrétien. Je suis le temple
De l'Esprit-Saint, du Dieu d'amour.
Celui que tout le ciel contemple
Possède mon cœur sans retour.

Je suis chrétien. O sainte Eglise,
Je suis devenu votre enfant,
Plein d'amour, d'une foi soumise
Je suivrai votre enseignement.

Je suis chrétien. J'ai pour bannière
La croix de mon divin Sauveur.
Mes ennemis me font la guerre,
Mais je me ris de leur fureur.

Je suis chrétien. Sur cette terre
Je passe comme un voyageur.
Ici-bas tout n'est que misère,
Rien ne saurait remplir mon cœur.

Je suis chrétien. O ma patrie,
Beau ciel, j'irai te voir un jour.
En Dieu, je trouverai la vie,
La paix, le bonheur et l'amour.

10.

Temple témoin des premiers vœux
Et du bonheur de l'innocence.
Je te dois, asile pieux,
Les plus beaux jours de mon enfance.

Refr Inspire-moi des chants divins,
Sainte Sion, O ma patrie !
Et retentis des doux refrains :
Vive Jésus, vive Marie !   (*bis.*)

Le luxe imposant des palais
Nous cache souvent bien des larmes,
Ce temple est celui de la paix ;
La foi l'embellit de ses charmes.

Ces fonts ont reçu mes serments,
Serments nouveaux qu'en traits de flamme,
Pour affermir mes sentiments,
L'amour a gravés dans mon âme.

Pontife et victime d'amour,
Sur l'autel le Sauveur lui-même.
Vient, en s'immolant chaque jour,
Donner la vie à ceux qu'il aime.

C'est ici que Dieu s'est montré,
Prodige touchant de tendresse ;
C'est là qu'à son banquet sacré,
Il renouvelle ma jeunesse.

11.

Bénissons à jamais,
Bénissons, bénissons à jamais,
Bénissons.
Bénissons à jamais, bénissons à jamais
Le Seigneur dans ses bienfaits.   *bis*

Bénissez-le, saints anges,
Louez sa majesté,
Rendez à sa bonté
Mille et mille louanges.

Fût-il jamais un père
Qui de ses chers enfants.
Par des soins plus touchants,
Soulageât la misère ?

Pasteur tendre et fidèle,

Sans craindre le travail.
Il ramène au bercail
Une brebis rebelle.

Il console mon âme,
La nourrit de son pain ;
A ce banquet divin
Il veut qu'elle s'enflamme.

Dieu seul est ma richesse
Dieu seul est mon soutien :
Dieu seul est tout mon bien ;
Je redirai sans cesse.
Bénissons, etc,

12.

Le monde en vain, par ses biens et ses charmes,
Veut m'engager à plier sous sa loi :
Mais pour me vaincre il faut bien d'autres armes ;
Je ne crains rien, Jésus est avec moi.

Refrain. Dieu d'amour, c'est peu que je vous aime,
De vos feux daignez me consumer ;
Au cœur ingrat qui ne sait pas aimer,
Ah ! mille fois, mille fois anathème ! { *bis.*

Venez, venez, fiers enfants de la terre,
Déchaînez-vous pour me ravir ma foi ;
Quand de concert vous me feriez la guerre,
Je ne crains rien, Jésus est avec moi.

Cruel Satan, arme-toi de ta rage,
Que tes démons se liguent avec toi,
Tu ne pourras abattre mon courage ;
Je ne crains rien, Jésus est avec moi.

Que les enfers, les airs, la terre, l'onde.
Conspirent tous à me remplir d'effroi,
Quand je verrais s'écrouler tout le monde,
Je ne crains rien, Jésus est avec moi.

13.

Mon doux Jésus, enfin voici le temps

De pardonner à nos cœurs pénitents ;
Nous n'offenserons jamais plus
   Votre bonté suprême,   } *bis.*
   O doux Jésus !

Puisqu'un pécheur vous a coûté si cher,
Faites-lui grâce, il ne veut plus pécher.
Ah ! ne perdez pas cette fois
   La conquête admirable   } *bis.*
   De votre croix !

Enfin, mon Dieu, nous sommes à genoux
Pour vous prier de pardonner à tous ;
Pardonnez-nous, ô Dieu clément !
   Lavez-nous de nos crimes   } *bis.*
   Dans votre sang.

Si votre amour, en vous livrant pour **nous,**
D'un juste juge a calmé le courroux,
Oui, c'en est fait, ô Dieu sauveur !
   Voilà le sacrifice   } *bis.*
   De notre cœur.

14.

DIEU.

Reviens, pécheur, à ton Dieu qui t'appelle
Viens au plus tôt te ranger sous sa loi :
Tu n'as été déjà que trop rebelle ;
Reviens à lui, puisqu'il revient à toi.   (*bis.*)

LE PÉCHEUR.

Voici, Seigneur, cette brebis errante
Que vous daignez chercher depuis longtemps ;
Touché, confus d'une si longue attente,
Sans plus tarder, je reviens, je me rends.   (*bis.*)

DIEU.

Pour t'attirer ma voix se fait entendre ;
Sans me lasser, partout je te poursuis ;
D'un Dieu pour toi, du père le plus tendre,
J'ai les bontés, ingrat, et tu me fuis !   (*bis.*)

LE PÉCHEUR.

Errant, perdu, je cherchais un asile ;
Je m'efforçais de vivre sans effroi :
Hélas ! Seigneur, pouvais-je être tranquille
Si loin de vous, et vous si loin de moi !   (*bis.*)

DIEU.

Attraits, frayeurs, remords, secret langage,
Qu'ai-je oublié de mon amour constant ?
Ai-je pour toi dû faire davantage ?
Ai-je pour toi dû même en faire autant ?   (*bis.*)

LE PÉCHEUR.

Je me repens de ma faute passée ;
Contre le ciel, contre vous j'ai péché ;
Mais oubliez ma conduite insensée,
Et ne voyez en moi qu'un cœur touché.   (*bis.*)

DIEU.

Si je suis bon, faut-il que tu m'offenses ?
Ton méchant cœur s'en prévaut chaque jour :
Plus de rigueur vaincrait tes résistances ;
Tu m'aimerais, si j'avais moins d'amour.   (*bis.*)

LE PÉCHEUR.

Que je redoute un juge, un Dieu sévère !
J'ai prodigué des biens qui sont sans prix ;
Comment oser vous appeler mon père ?
Comment oser me dire votre fils ?   (*bis.*)

DIEU.

Ta courte vie est un songe qui passe,
Et de ta mort le jour est incertain ;
Si j'ai promis de te donner ta grâce,
T'ai-je jamais promis le lendemain ?   (*bis.*)

LE PÉCHEUR.

Votre bonté surpasse ma malice ;
Pardonnez-moi ce long égarement ;
Je le déteste, il fait tout mon supplice,
Et pour vous seul j'en pleure amèrement.

15.

Enfants de Dieu, vengez sa cause,
Levez vos fronts humiliés ;
Voyez au joug qu'on vous impose
Vos bras honteusement liés.
Le monde en son impie audace
Sous les traits du respect humain
Veut, d'un sceau sublime et divin,
Anéantir en vous la trace.

Armez-vous de la foi, chrétiens, brisez vos fers,
Bravez tous les efforts du monde et des enfers.

Armons-nous de la foi, chrétiens, brisons nos fers,
Bravons tous les efforts du monde et des enfers.

Quoi ! des doctrines mensongères
Règleraient tous vos jugements ?
Quoi ! la croyance de vos pères
Serait ravie à leurs enfants ?
Des méchants que l'enfer anime
Prétendraient vous dicter leurs lois !
Et vous pourriez à votre foi
Préférer les leçons du crime.

Et vous, chrétiens pusillanimes,
Fuyez un trop fatal milieu ;
La faiblesse est mère des crimes,
Et qui tremble n'est point à Dieu.
Vous redoutez les vains murmures
D'hommes contre vous impuissants ;
Que feriez-vous, si des tyrans
Il fallait subir les tortures ?

Voyez, précédé de ses anges,
S'avancer le Juge immortel :
Voyez les célestes phalanges
Entourer le Maître du ciel.
Oserez-vous le méconnaître ?
Vous rougissez de le servir,
De vous lui-même il va rougir ;
Devant lui le lâche est un traitre.

16.

Le temps s'échappe comme un songe,
Chacun de nos jours est compté,
Et l'homme, ardent pour le mensonge,
Se lasse à fuir la vérité.

Refr.   Science, trompeuse lumière,
Non, vous ne m'éblouirez plus,
Fuyez, fuyez, la foi m'éclaire,   } *bis.*
Je ne veux savoir que Jésus.

L'insensé dans ses longues veilles,
Seigneur, a mesuré les cieux,
Hélas ! un monde de merveilles
Ne te montre point à ses yeux.

Pour une gloire fugitive,
Du ciel il détache son cœur.
Mais tout-à-coup la mort arrive,
Il s'éveille et voit son erreur.

En vain la louange l'honore,
Sa poussière ne l'entend pas ;
Et dans l'enfer qui le dévore,
Qui peut le soustraire à ton bras ?

17.

Qu'ils sont aimés, grand Dieu tes tabernacles !
Qu'ils sont aimés et chéris de mon cœur !
Là, tu te plais à rendre tes oracles ;   } *bis.*
La foi triomphe et l'amour est vainqueur.

Refrain.   O pain de vie, ô mon Sauveur !
L'âme ravie trouve en vous son bonheur.

Autre ref. Jésus est ma richesse, mon bonheur,
A lui seul ma tendresse, tout mon cœur.

Qu'il est heureux celui qui te contemple,
Et qui soupire au pied de tes autels !
Un seul moment qu'on passe dans ton temple } *bis.*
Vaut mieux qu'un siècle au palais des mortels.

Je nage au sein des plus pures délices ;
Le ciel entier, le ciel est dans mon cœur.
Dieu de bonté, de faibles sacrifices
Méritaient-ils cet excès de bonheur ! } bis.

Autour de moi les anges en silence
D'un Dieu caché contemplent la splendeur.
Anéantis en sa sainte présence,
O chérubins, enviez mon bonheur ! } bis.

En souverain règne, commande, immole ;
Règne surtout par le droit de l'amour.
Adieu plaisirs, adieu monde frivole ;
A Jésus seul j'appartiens sans retour. } bis.

18.

Goûtez, âmes ferventes,
Goûtez votre bonheur ;
Mais demeurez constantes
Dans votre sainte ardeur.

Refrain.

Heureux le cœur fidèle
Où règne la ferveur,
On possède avec elle
Tous les dons du Seigneur.   (*bis*)

Autre refrain.

Heureux mille fois le cœur
Où règne l'innocence
Heureux mille fois le cœur
Où règne la ferveur.

Elle est le vrai partage
Et le sceau des élus ;
Elle est l'appui, le gage
Et l'âme des vertus.

Par elle la foi vive
S'allume dans les cœurs,
Et sa lumière active
Guide et règle nos mœurs.

Par elle l'espérance
Ranime ses soupirs,
Et croit jouir d'avance
Des célestes plaisirs.

Par elle dans les âmes
S'accroît de jour en jour,
L'activité des flammes
Du pur et saint amour.

C'est sa vertu puissante
Qui garantit nos sens
De l'amorce attrayante
Des plaisirs séduisants.

De l'âme pénitente
Elle adoucit les pleurs.
Et de l'âme souffrante
Elle éteint les douleurs.

Sous ces heureux auspices
On goûte les bienfaits,
Les charmes, les délices
De la plus douce paix.

19

Accourez tous, vous qui pleurez,
Vous qu'un faix de douleur oppresse ;
Accourez tous, vous qui pleurez,
Entrez dans les parvis sacrés.
Un Dieu plein de tendresse,
N'y réside sans cesse
Que pour répandre au fond de votre cœur
La paix et le bonheur. (*bis*).

Refrain.

Ecoutez ces accents
Que lui-même il vous adresse :
Ecoutez ces accents si divins, si touchants :
Venez, venez à moi, cœurs chargés de tristesse,
Je vous soulagerai de vos pesants fardeaux,

Et vous fortifierai, dans vos brûlants travaux,
D'un pain de force et d'allégresse. (*bis*.)

Il s'est fait homme pour souffrir
Et partager notre misère ;
Il s'est fait homme pour souffrir.
Et pour apprendre à secourir.
Il ne fut sur la terre,
Céleste et tendre frère.
Que pour répandre en ces lieux de douleur
La paix et le bonheur.   (*bis*).

C'est pour nous qu'il s'est immolé.
Auguste et généreuse hostie,
C'est pour nous qu'il s'est immolé ;
Pour nous tout son sang a coulé.
La terre réjouie
Dans ce sang but la vie
Et vit descendre au vallon de douleur
La paix et le bonheur.   (*bis*).

20.

Rendons à Dieu toute la gloire
Du trésor que nous possédons,
Et gravons en notre mémoire
Ses biens, ses ineffables dons.
Ce jour de fête, d'allégresse,
Non, nous ne l'oublierons pas.
De tant d'amour et de tendresse,
Pourrions-nous demeurer ingrats ?   } *bis*.

Les larmes ont cessé,
Le chant de la victoire
Anime la ferveur,
Jésus a triomphé.
Chantons, chantons sa gloire.
Vive notre Sauveur.   (*bis*).

Il vient ce Dieu si charitable,
Il vient de nos maux nous guérir.
Ah ! qu'il doit nous paraître aimable.

De lui nos cœurs vont se nourrir.
A son doux banquet, à sa table,
O cieux, qui peut le concevoir !
Ce Dieu puissant et redoutable,   } bis.
Faibles enfants, nous fait asseoir.

Divin Jésus, de notre hommage
Vous daignez vous montrer jaloux.
Plus d'offense, plus de partage,
Nos cœurs seront toujours à vous,
Oui, nous promettons la constance
A vous aimer, à vous servir ;
Ce vœu de la reconnaissance   } bis.
Nos cœurs sont heureux de l'offrir.

21.

Quel doux penser me transporte et m'enflamme!
 O mon Jésus, c'est vous que j'aperçois ;
 Un jour encore et je vais dans mon âme
 Vous posséder pour la première fois.   (ter).

Refrain.

Quoi! dans ce jour vous venez dans mon âme
 La visiter pour la première fois.   (ter).

Ah! bienheureux le cœur tendre et fidèle !
Mais qu'il s'en faut, Seigneur, que je le sois ;
Et je pourrais, insensible et rebelle,
M'unir à vous pour la première fois.

Mais qu'ai-je dit ? sa bonté m'encourage,
De mes péchés je ne sens plus le poids.
Ah ! dans ce jour achevez votre ouvrage,
Venez à moi pour la première fois.

Agneau sans tache immolé pour le monde,
Vous le sauvez en mourant sur la croix ;
C'est sur vous seul que mon espoir se fonde,
Venez à moi pour la première fois.

Festin du ciel, pain sacré, chair divine,
Par mes désirs déjà je vous reçois.

Mon doux Jésus à mon cœur les destine,
C'est dans ce jour pour la première fois.

Un faible enfant et le Dieu de puissance !
A votre amour vous cédez, je le vois ;
Confus, ravi, transporté, je m'avance,
Venez, mon Dieu, pour la première fois.

22.

O saint autel qu'environnent les anges,
Qu'avec transport aujourd'hui je te vois !
Ici mon Dieu, l'objet de mes louanges,
M'offre son corps pour la première fois.

O mon Sauveur, mon trésor et ma vie,
Epoux divin, dont mon cœur a fait choix,
Venez bientôt couronner mon envie,
Venez à moi pour la première fois.

O saint transport, ô divine allégresse !
Déjà mon cœur s'unit au Roi des rois :
Il est à moi le Dieu de ma jeunesse ;
Je suis à lui pour la première fois.

O chérubins, qui l'adorez sans cesse,
Ainsi que vous je l'adore et je crois ;
Mais devant lui soutenez ma faiblesse,
Et me guidez pour la première fois.

O jour heureux, jour céleste et propice,
A vous bénir je consacre ma voix :
Le Dieu vivant s'immole en sacrifice,
Et me nourrit pour la première fois.

Embrasez-moi, Dieu d'amour et de gloire,
Du feu sacré de vos plus saintes lois ;
Et pour toujours gravez dans ma mémoire
Ce que je fais pour la première fois.

23

Refrain.
Célébrons la tendresse, exaltons la douceur
Du Dieu d'amour qui voile sa splendeur.

Le jour, qu'en tous lieux on l'adore ;
La nuit, qu'on le bénisse encore.   *(bis.)*

Du Dieu d'amour célébrons la tendresse.
Du Dieu d'amour exaltons la douceur.
Le jour qu'en tous lieux on l'adore ;
La nuit, qu'on le bénisse encore.

Sans crainte approchons-nous de l'humble tabernacle
Où le Sauveur réside et la nuit et le jour.
De Sina cet autel n'offre plus le spectacle ;
Là gloire et la puissance ont fait place à l'amour.

Un Dieu descend du ciel... La charité le presse
D'habiter avec nous la terre de douleur...
Et dans ce sacrement, excès de sa tendresse,
Pour charmer notre exil, il nous donne son cœur.

O charité divine ! à notre âme ravie.
Que tu sais révéler de célestes douceurs !
Venez, venez, chrétiens, goûter ce pain de vie
Préparé par l'amour, pour substanter vos cœurs.

24

Refr. Ils ne sont plus les jours de larmes ;
J'ai retrouvé la paix du cœur
Depuis que j'ai goûté les charmes
Des tabernacles du Seigneur.

Je buvais à la coupe amère
Dont on me vantait la douceur,
Et je délaissais, ô mon père,
Le pain sacré du voyageur.

Je ne trouvais qu'insuffisance
Dans mes plaisirs de chaque jour,
Que ne savais-je l'abondance
Du banquet divin de l'amour.

Trop lontemps, brebis fugitive,
Je m'éloignai du bon pasteur ;
Aujourd'hui, colombe plaintive,
Je l'appelle, il m'ouvre son cœur.

25.

Mon bien-aimé, par l'amour le plus tendre,
Sur cet autel a fixé son séjour.
Oh ! charité, que je ne puis comprendre
Puisse mon cœur s'immoler en retour.　　　(bis)

Divin captif, ô douceur ineffable,
Que vous blessez divinement mon cœur !
Rendez, Jésus, ma blessure incurable,
Elle est pour moi la joie et le bonheur !

Ah ! maintenant les choses de la terre
Ne me sont plus qu'amertume et dégoût ;
Le bien-aimé dans son doux sanctuaire
Est à jamais mon trésor et mon tout.

Le tabernacle, ah ! voilà ma richesse !
L'Eucharistie, ah ! voilà mon amour !
Du bien-aimé j'y goûte la tendresse,
Vous seul, mon Dieu, jusqu'à mon dernier jour.

26.

Mon âme, ah ! que rendre au Seigneur
Pour les bienfaits de sa tendresse ?
Pour cet amour plein de douceur
Dont il entoure ta faiblesse.
Du ciel il quitte la splendeur
Pour visiter ton indigence ;
Il vient alléger ta souffrance
Mon âme, ah ! que rendre au Seigneur ?　} bis.

Tandis que du plus haut des cieux,
Sur toi veille sa Providence,
Il veut encor dans ces saints lieux
Te protéger par sa présence.
Il ne suffit pas à son cœur,
Ce regard déjà si plein de charmes,
Lui-même il vient sécher tes larmes,
Mon âme, ah ! que rendre au Seigneur ?　} bis.

Tu courus après de faux biens,

Tu n'y ressentis que détresses,
Un Dieu vient rompre tes liens
Et te combler de ses richesses.
A son autel consolateur,
Va déposer toutes tes peines ;
Là se forment de douces chaînes.
Mon âme, ah ! que rendre au Seigneur ? } *bis.*

Il veut bien le divin Sauveur,
Par une tendresse admirable,
Presser le pauvre pécheur
De venir s'asseoir à sa table.
Là, du sang de son sacré-cœur,
Il présente le doux breuvage ;
Son amour peut-il davantage ?
Mon âme, ah ! que rendre au Seigneur ? } *bis.*

Mon âme, ah ! que rendre au Seigneur ?
Prends son ineffable calice !
Bois à l'exemple du Sauveur
A la coupe du sacrifice.
Mais en faisant de la douleur
Un tribut de reconnaissance,
Dis encor dans ton impuissance :
Hélas ! que rendrai-je au Seigneur ? } *bis.*

27.

Ne tarde plus, vole, vole, mon âme,
Vers cet asile où t'appelle Jésus.
Là, dans ton sein s'allumera la flamme,
Dont brûle au ciel le peuple des élus.

Refr. Volons, volons, mon âme,
   Vers le cœur de Jésus,
   Pour brûler de la flamme
   Dont brûlent les élus.

   Vers cet heureux asile
   Où t'attend le bonheur,
   Vole d'une aile agile,
   Vole, mon pauvre cœur.   Volons.

Qui te retient ? Vois comme dans le monde
Tout n'est qu'ennuis, que périls et que maux ;
Mais dans ce cœur, source en bien si féconde,
Tout est plaisir, délices et repos.   Volons.

Partons donc, ô mon âme !
Quittons ces tristes lieux ;
D'une divine flamme
Allons brûler aux cieux.   Volons.

Là, doucement l'âme passe sa vie,
Et doucement au dernier jour s'endort
O sort heureux ! ô fin digne d'envie !
Que de bonheur dans une telle mort ! Volons.

O divin sanctuaire
De bonheur et de paix !
C'est en toi que j'espère
Être heureux à jamais.   Volons.

28.

Voici l'autel, voici le trône,
Objet de nos plus tendres vœux ;
Le doux éclat qui l'environne
Charme sans éblouir nos yeux.

Refr.   Du haut de la voûte azurée.
Un Dieu paraît dans ces augustes lieux ;
Relève ta tête sacrée.
Religion, noble fille des cieux.   (*bis*)

Lève ton front de la poussière
Chère Sion, brise tes fers,
Et reprend ta splendeur première :
Tous les trésors te sont ouverts.

Vois comme l'auguste sagesse
Sensible au bonheur des humains,
Vient, prodigue de sa tendresse,
Verser ses dons à pleines mains.

Sortez de ces superbes tentes ;
Venez ici, mondains jaloux,

Voir les merveilles éclatantes
Que Dieu daigne opérer pour nous.

Le repentir et l'innocence
Ont même part à sa faveur ;
Il leur fait goûter sa présence,
La paix, la joie et le bonheur.

Jésus paraît : l'amour le presse,
Il vole au devant des pécheurs ;
Et dans l'excès de sa tendresse,
Il daigne s'unir à son cœur.

29.

Jésus quitte son trône
Et descend dans mon cœur ;
Il voile sa couronne
Et cache sa grandeur.

} bis.

Refrain.   O sort digne d'envie !
Quoi, l'auteur de la vie
En moi fait son séjour !
O mon âme ravie,
Consume-toi d'amour !

O Jésus, quel abîme
De douceur, de bonté !
Oubliez-vous mon crime
Et mon indignité ?

O Dieu de l'innocence,
Que suis-je devant vous !
Je n'ai rien qui n'offense
Vos yeux purs et jaloux.

Je suis votre conquête ;
Commandez en vainqueur,
Ma gloire est ma défaite;
Servir est ma grandeur.

30.

Comblez mes vœux et devancez l'aurore,

O Dieu d'amour, digne objet de nos cœurs.
Refr. Quels plaisirs purs ! quelles chastes douceurs !
Oui, je le sens, c'est le Dieu que j'adore.

Tendre Jésus, votre amour me dévore,
Vous m'embrasez des plus vives ardeurs,
O douce paix, que le pécheur ignore,
Enivrez-moi, faites couler mes pleurs.

Banquet sacré de l'époux qui m'honore,
Versez sur moi vos célestes faveurs.
Ah ! c'en est fait, ô mon Dieu, je déplore
D'un cœur ingrat les coupables erreurs.

31.

Quel feu s'allume dans mon cœur !
Quel Dieu vient habiter mon âme !
A son aspect consolateur
Et je m'éclaire et je m'enflamme
Je t'adore, Esprit créateur !
Refr.   Parais, Dieu de lumière,
Et viens renouveler la face de la terre. } *bis.*

Je vois mille ennemis divers
Conjurer ma perte éternelle ;
J'entends tous leurs complots pervers,
Dieu ! romps leur trame criminelle
Qu'ils retombent dans les enfers.

Voyez comme les insensés
Dansent sur leur tombe entr'ouverte !
La mort les suit à pas pressés ;
En riant, ils vont à leur perte.
Dieu regarde ! ils sont dispersés.

32

Quelle nouvelle et sainte ardeur
En ce jour transporte mon âme ?
Je sens que l'Esprit créateur
De son feu tout divin m'enflamme.

Refrain.

Vive Jésus ! je crois, je suis chrétien ;
Censeurs, je vous méprise ;
Lancez, lancez vos traits, je ne crains rien;
Mon bras vainqueur les brise.

Il faut dans un noble combat,
Pour vous, Seigneur, que je m'engage ;
Vous m'avez fait votre soldat
Vous m'en donnerez le courage.

Du salut le signe sacré
Orne mon front pour ma défense,
Devant lui l'enfer conjuré
Perdra sa funeste puissance.

Le mépris d'un monde insensé
Pourrait-il m'alarmer encore ?
Loin de m'en trouver offensé,
Je sens aujourd'hui qu'il m'honore.

Enfant des généreux martyrs,
Puissé-je égaler leur constance,
Et trouver mes plus doux plaisirs
Au sein même de la souffrance !

A la mort fallut-il s'offrir,
Ou perdre, hélas ! mon innocence?
Grand Dieu, je consens à mourir ;
Ne souffrez pas que je balance.

Chrétiens, ranimons notre ardeur ;
Contemplons la palme immortelle !
Le ciel la promet au vainqueur ;
Combattons et mourrons pour elle.

33

Aimer un Dieu du plus parfait amour.
Le posséder sans crainte et sans alarmes,
Voir ce grand Dieu nous aimer à son tour,
O paradis, voilà quels sont tes charmes.

Refrain.

O paradis (*bis*), voilà quels sont tes charmes. (*bis*)

De tes attraits que je suis enchanté,
Sainte Sion, mon aimable patrie ;
Vous contempler, éternelle beauté,
Voilà l'espoir dont mon âme est ravie.

Hommes charnels, qui jusques à ce jour,
N'avez brûlé que de coupables flammes,
Portez les yeux vers l'immortel séjour ;
Lui seul, lui seul peut embraser vos âmes.

34.

Quand l'eau sainte du baptême
Coula sur nos fronts naissants,
Et qu'un Dieu, la bonté même,
Vous adopta pour enfants ;
    Muets encore
D'autres promirent pour vous :
Aujourd'hui confessez tous
La foi dont un chrétien s'honore.

Refrain   Foi de nos pères,
Notre règle et notre amour,
Nous embrassons en ce jour
Et ta morale et tes mystères.

En vain à ma foi soumise
S'oppose un orgueil trompeur ;
Sur les traces de l'Eglise
Puis-je marcher dans l'erreur ?
    Trinité sainte
Je te confesse et te crois,
Et je t'adore trois fois,
Et plein d'amour et plein de crainte.

De quel œil de complaisance
Vous me vîtes, ô mon Dieu,
Quand revêtu d'innocence,
On m'emporta du saint lieu.

Pensée amère !
O beau jour, trop tôt passé !
Hélas ! je me suis lassé,
Mon Dieu, de vous avoir pour Père.

Loin de moi, monde profane !
Fuis, ô plaisir séduisant !
L'évangile vous condamne :
Vous blessez en caressant.
Sous votre empire,
Mon Dieu, sont les vrais trésors ;
Vos douceurs sont sans remords;
C'est pour elles que je soupire.

35.

Que je te plains, pécheur, à ton heure dernière !
Les maux les plus affreux sont amassés sur toi.
Le noir enfer, séjour rempli d'effroi,
T'attend au bout de ta carrière.

Où sont tant de beaux jours que tu donnais au crime ?
Il ne t'en reste, hélas ! qu'un triste souvenir ;
Et sous tes yeux d'un affreux avenir
Tu vois s'ouvrir le noir abîme.

De quoi va te servir l'amas de tes richesses !
Pour toi leur vain secours n'est plus rien maintenant.
N'espère point par ton or impuissant
Braver les flammes vengeresses.

Où sont ces faux plaisirs, ces coupables délices
Ces appas séduisants pour ton trop faible cœur ?
Infortuné ! leur perfide douceur
Se change en d'éternels supplices.

Tu perdis mille fois ton Dieu, ton bien suprême,
Pour ces objets trompeurs dont tu fus enchanté.
Funeste fruit de ton iniquité !
Tu t'es enfin perdu toi-même.

36

Jours heureux, jours de vrai plaisir,

Où Dieu s'est fait ma nourriture:
Jours heureux, jours de vrai plaisir,
Faut-il vous voir sitôt finir.

Pour une âme innocente et pure,
Jours heureux, jours de vrai plaisir,
Faut-il vous voir sitôt finir.

Biens, honneurs, beauté frivole ;
Adieu donc et pour jamais :
Vers Dieu mon âme s'envole ;
Il me comble de ses bienfaits.

Toujours, céleste patrie,
Mon cœur soupire pour toi,
Tu contiens ce que j'envie.
Mon Dieu, mon père et mon roi.

Sous tes auspices, Marie,
Nous terminons ce beau jour ;
Dans la céleste patrie,
Réunis-nous pour toujours.

37.

Refrain.

Triomphe, victoire,
Honneur, amour et gloire,
Voici, voici le jour
Où triomphe l'amour !
Jésus dompte la mort, Jésus est plein de vie ;
Honneur, amour et gloire à Jésus, à Marie !

Vierge sainte, le Dieu qui s'est fait votre enfant
Ne pouvait du tombeau subir la pourriture,
Le roi des cieux, Jésus, le Dieu de la nature,
Ne pouvait mourir qu'un instant.

Votre fils a quitté son tombeau glorieux ;
Aux premiers feux du jour, fidèle à sa promesse,
Il s'est levé des morts ; tout brille d'allégresse,
Sur la terre, au plus haut des cieux.

Vous avez partagé ses amères douleurs.
Vous vouliez avec lui mourir sur le Calvaire ;
Entrez donc dans sa joie, ô douce et tendre mère,
Et priez-le pour les pécheurs !

38.

Refr.   Allons, pasteurs, qu'on se réveille,
Un Dieu descend dans ce séjour
Il n'est plus temps que l'on sommeille
Lorsque l'on voit l'astre du jour.   (*bis*).

C'est la clarté de Dieu le Père,
De l'Esprit-Saint c'est le flambeau ;
Jamais la nuit ne fut si claire,
Jamais le jour ne fut si beau.

L'air retentit de ses louanges,
Venez, pasteurs, à votre tour,
Venez chanter avec les anges
Et ses grandeurs et son amour,

Accourez tous vers son étable,
Vous y verrez ce nouveau-né ;
C'est pour sauver l'homme coupable
Que l'innocent s'est incarné.

L'humilité que sa voix prêche
Confond la terre et les enfers ;
Il est réduit dans une crèche,
Lui qui remplit tout l'univers !

Le Roi des rois est sans couronne,
Le souverain sans majesté ;
Pour tant d'éclat qu'il abandonne
Il a choisi l'obscurité.

Triste rebut de la nature
Il est soumis à mille maux.
Contre les vents et la froidure
A peine a-t-il deux animaux.

L'ardent amour qui le consume
Contre l'hiver défend son cœur ;

L'amour cause son amertume,
Ce même amour le rend vainqueur.

39.

Les anges dans nos campagnes,
Ont entonné l'hymne des cieux,
Et l'écho de nos montagnes
Redit ce chant mélodieux :
 Gloria in excelsis Deo   (*bis*)

Bergers, pour qui cette fête ?
Quel est l'objet de tous ces chants ?
Quel vainqueur, quelle conquête
Mérite ces cris triomphants ?

Ils annoncent la naissance
Du libérateur d'Israël.
Et pleins de reconnaissance
Chantent en ce jour solennel :

Cherchons tous l'heureux village
Qui l'a vu naître sous ses toits,
Offrons-lui le tendre hommage
Et de nos cœurs et de nos voix :

Dans l'humilité profonde
Où vous paraissez à nos yeux,
Pour vous louer, roi du monde,
Nous redirons ce chant joyeux :

Déjà les bienheureux anges,
Les chérubins, les séraphins,
Occupés de vos louanges,
Ont appris à dire aux humains :

Bergers, loin de vos retraites
Unissez-vous à leurs concerts,
Et que vos tendres musettes
Fassent retentir les airs.

40

Puissant Roi des rois,
Mort pour nous sur le calvaire,

Du haut de ce bois,
Daigne entendre nos faibles voix.
Viens nous ombrager de ta croix,
Ombre salutaire,
Espoir de tout le genre humain,
Bouclier du chrétien,
Viens, viens, viens.

O Dieu rédempteur,
Prends pitié de notre enfance.
O divin Sauveur;
Sois toujours notre protecteur.
Jésus, sois tout notre bonheur
Et notre espérance ;
Jésus, sois notre unique bien
Et notre soutien ;
Viens, viens, viens.

41.

Refrain. Petits Chinois, dans vos misères
Nous voulons vous soulager tous,
Nous en parlerons à nos mères :
Jeunes frères, consolez-vous.

Autre ref. Non, votre plainte n'est pas vaine,
Et vous pouvez compter sur nous,
Chacun va former sa douzaine ;
Jeunes frères, consolez-vous.

Ecoutez du fond de la Chine
Tant d'orphelins crier vers vous.
Ecoutez leur voix enfantine :
Tendres frères, secourez-nous !

Ah ! combien votre mère est bonne,
Combien de soins elle a pour vous !
Mais la nôtre nous abandonne ;
Tendres frères, secourez-nous !

Héritiers du bonheur suprême,
L'eau sainte a coulé sur vous tous.

Nous périssons, nous, sans baptême ;
Tendres frères, secourez-nous !

De votre cœur on ne réclame
Que l'aumône de quelques sous,
C'est assez pour sauver notre âme ;
Tendres frères, secourez-nous !

Si de nous vous faites des anges,
Sans cesse nous prierons pour vous,
Toujours nous dirons vos louanges ;
Tendres frères, secourez-nous.

42

Bénissez-nous, votre voix nous appelle ;
Vous avez dit, Seigneur, laissez-les tous,
Laissez venir ces petits sous mon aile !...
Et, pleins d'amour, nous accourons à vous ;
    Bénissez-nous ! (*bis.*)

Bénissez-nous, ô Dieu, daignez sourire
A vos enfants rangés autour de vous ;
Votre bonté nous gagne et nous attire :
Divin Jésus, vos charmes sont si doux !
    Bénissez-nous !

Bénissez-nous, tendre ami du jeune âge :
De notre cœur votre cœur est jaloux ;
Aimable enfant, recevez-en l'hommage,
Nous ne voulons appartenir qu'à vous ;
    Bénissez-nous !

Bénissez-nous. Que notre âme sans tâche
Garde toujours ses parfums les plus doux ;
Ne souffrez pas que Satan vous l'arrache
Pour l'entraîner à jamais loin de vous !
    Bénissez-nous !

Bénissez-nous. Quand l'heure qui s'envole,
L'heure dernière aura sonné pour nous,
Daignez, Seigneur, selon votre parole,
Au paradis nous placer près de vous !
    Bénissez-nous !

CANTIQUES A LA SAINTE VIERGE.

43.

D'une mère chérie
Célébrons les grandeurs ;
Consacrons à Marie
Et nos voix et nos cœurs.

Refrain.   De concert avec l'ange
Quand il la salua,
Disons à sa louange
Un *Ave Maria*. (*bis.*)

Modeste créature,
Elle plut au Seigneur,
Et, vierge toujours pure,
Enfanta le Sauveur.

Nous étions la conquête
Du tyran des enfers ;
En écrasant sa tête,
Elle a brisé nos fers.

Que l'espoir se relève
Dans nos cœurs abattus ;
Par cette nouvelle Ève
Les cieux nous sont rendus.

O Marie ! ô ma Mère !
Prenez soin de mon sort :
C'est en vous que j'espère
En la vie, en la mort.

Obtenez-nous la grâce
A notre dernier jour
De vous voir face à face
Au céleste séjour.

44.

Faibles mortels, que l'espérance
Calme nos peines, nos douleurs ;
Le ciel sur nous, dans sa clémence,
Verse de nouvelles faveurs.
D'un nom chéri la douce gloire
Vient d'apparaître à l'univers ;
Marie a vaincu les enfers,
Et nous la proclamons Reine de la victoire.

Toujours, Reine des cieux, oui, toujours à nos cœurs
Ta bannière sera chère,
Et ta main tutélaire, guidant nos pas vainqueurs,
Notre vie, ô Marie, méritera ton amour, tes faveurs.

C'est vainement, Vierge Marie,
Que l'enfer frémit contre nous !
Tes enfants bravent sa furie
Et méprisent son noir courroux.
Sur tes pas ils verront la gloire
Toujours couronner leurs efforts ;
Toujours cédant à leurs transports,
Leurs cœurs te béniront, Reine de la victoire.

Saint étendard de notre Mère,
Nous en faisons le doux serment,
Nous te suivrons dans la carrière,
Unis jusqu'au dernier moment ;
Et quand viendra le jour de gloire.
Marie entendra les vainqueurs,
Autour de toi formant les chœurs,
La proclamer encor reine de la victoire.

45.

Je mets ma confiance,
Vierge en votre secours ;
Servez-moi de défense,
Prenez soin de mes jours ;

Et quand ma dernière heure

Viendra fixer mon sort,
Obtenez que je meure
De la plus sainte mort.

A votre bienveillance,
O Vierge, j'ai recours ;
Soyez mon assistance
En tous lieux et toujours.

Sainte Vierge Marie,
Asile des pécheurs,
Prenez part, je vous prie,
A mes justes frayeurs.

Ah ! soyez-moi propice
Quand il faudra mourir :
Apaisez sa justice,
Je crains de la subir.

Mère pleine de zèle,
Protégez votre enfant ;
Je vous serai fidèle
Jusqu'au dernier moment.

46.

Pourquoi cette vive allégresse
Qui brille sur nos fronts joyeux ?
Pourquoi ces nouveaux chants d'ivresse
Dont retentissent ces beaux lieux ?
Enfants d'une mère chérie,
Pour fêter ce jour vénéré,
Portons nos tributs à Marie
Au pied de son trône sacré.

Refr.   Vierge, reçois cette couronne ;
Fais qu'elle soit le gage heureux
De celle qu'auprès de son trône   } *bis.*
Tu nous réserves dans les cieux.

Pour la gloire de votre Reine,
Quittant vos sacrés pavillons,

Autour de votre souveraine,
Anges, formez vos bataillons.
Le front incliné vers la terre,
Joignez votre amour et vos chants
A ceux que pour leur tendre mère
Font éclater tous ses enfants.

Et vous, ornements de la terre,
Croissez, croissez, charmantes fleurs :
C'est pour le front de notre mère
Que nous destinons vos couleurs.
Vierge, ici-bas pour ta couronne
Les fleurs nous offrent leurs présents,
Fais qu'un jour auprès de ton trône
Ta couronne soit tes enfants.

Hélas ! de la saison nouvelle
Les fleurs ne passent point le temps :
Mais les dons d'une âme fidèle
Durent plus que leur doux printemps.
De tes vertus, ô Vierge pure,
Si tu daignes nous revêtir,
Rien ne flétrira la parure
Dont tu sauras nous embellir.

47.

Venez, tressaillons d'allégresse
Devant l'autel du Seigneur ;
Chantons, célébrons la tendresse
De la mère du Sauveur.

Refrain. O Mère immaculée !
Nous sommes à genoux.
Mère d'amour consumée,
Priez, priez pour nous.

En vain l'enfer dans sa furie,
Frémirait autour de nous.
Quand nous invoquerons Marie,
Nous braverons son courroux.

Veillez sur nous, ô tendre mère !
Protégez tous ces enfants,
Et dans ce séjour solitaire
Fixez nos pas chancelants.

48.

Refrain.

Oui, nous voulons t'aimer, bonne Vierge Marie,
Ecoute le serment que nous venons t'offrir.
Je veux que de ma voix la source soit tarie,
Que mon bras desséché cesse de te servir,
Si je cessais de te bénir.   (*bis.*)

O Vierge pure,
Aujourd'hui, je le jure,
Je veux t'aimer ; je veux n'aimer que toi.
En ta tendresse,
Accueille ma promesse ;
Je t'ai juré mon amour et ma foi.

Sur cette terre
La joie est éphémère ;
Ils passeront les rêves du bonheur.
Vierge propice,
Que ta main nous bénisse,
Quand nous dirons au jour de la douleur.

Quand le blasphème,
Vomissant l'anathème,
Fera frémir ton amour maternel,
Dans cette enceinte
Tes enfants, Vierge sainte,
Te rediront leur serment solennel.

49.

Unis aux concerts des anges,
Aimable reine des cieux,
Nous célébrons tes louanges
Par nos chants mélodieux.

Refrain.

De Marie
Qu'on publie
Et la gloire et les grandeurs ;
Qu'on l'honore,
Qu'on l'implore,
Qu'elle règne sur nos cœurs !

Autre ref.

O ma mère !
Toujours chère,
Je te chante avec bonheur.
O ma mère !
Toujours chère,
Je t'offre aujourd'hui mon cœur.   (*4 fois.*)

Auprès d'elle la nature
Est sans grâce et sans beauté ;
Les cieux perdent leur parure,
L'astre du jour sa clarté.

C'est le lys de la vallée,
Dont le parfum précieux,
Sur la terre désolée
Attira le roi des cieux.

C'est l'auguste sanctuaire
Que le Dieu de majesté
Inonda de sa lumière,
Embellit de sa beauté !

C'est la Vierge incomparable,
Gloire et salut d'Israël,
Qui, pour un monde coupable,
Fléchit le courroux du ciel.

Pour tout dire, c'est Marie !
Dans ce nom que de douceur !
Nom d'une mère chérie,
Nom, doux espoir du pécheur.

50.

Je l'ai juré, j'appartiens à Marie,
Après Jésus, elle est tout mon amour ;

A l'honorer je consacre ma vie :
Je l'aimerai jusqu'à mon dernier jour.

Refrain.   Je l'ai juré (*bis*),
         C'est pour la vie ;   } *bis.*
     Mon serment est sacré,
     J'appartiens à Marie.

Je l'ai juré, de mon aimable mère
Je graverai les doux traits dans mon cœur.
A retracer une image si chère
Mon tendre amour mettra tout son bonheur.

Je l'ai juré, de ta voix, ô Marie,
Je chérirai la céleste douceur ;
Sur tes leçons je règlerai ma vie,
Sur tes vertus je formerai mon cœur.

Je l'ai juré, Seigneur, tes tabernacles
Seront toujours ma force, mon secours :
Toujours Marie y goûta tes oracles ;
Ils seront seuls ma joie et mes amours.

Je l'ai juré, dans ce doux sanctuaire,
Chaque printemps me verra de retour.
Le cœur pressé d'y fêter une Mère,
Y redira ses cantiques d'amour.

51.

Sur le vaste océan du monde,
Ah ! combien d'écueils dangereux !
Cette mer, hélas ! est féconde
En naufrages trop malheureux.

Refrain.   Astre des mers, douce Marie,
     Apparais toujours à nos yeux,
     Ma barque à tes soins se confie
     Garde-la des flots orageux (*bis*).

Ma faible main trop inhabile
Contre la force du courant
Dans cette lutte difficile
A besoin d'un secours puissant.

Le fier aquilon se déchaîne
La mer mugit ! funeste sort !
Ma perte, ô Marie, est certaine,
Si tu ne me conduis au port.

Mille fois heureux le voyage,
Dont l'étoile a guidé le cours,
Par elle on atteint le rivage
Et le cœur la bénit toujours.

2ᵐᵉ partie.

PETITES VÊPRES.

Dixit Dominus Domino meo : — Sede a dextris meis,

Donec ponam inimicos tuos — Scabellum pedum tuorum.

Virgam virtutis tuæ, emittet Dominus ex Sion : Dominare in medio inimicorum tuorum.

Tecum principium in die virtutis tuæ, in splendoribus sanctorum : — Ex utero ante luciferum genui te.

Juravit Dominus, et non pœnitebit eum : — Tu es Sacerdos in æternum secundum ordinem Melchisedech.

Dominus a dextris tuis : confregit in die iræ suæ reges.

Judicabit in nationibus, implebit ruinas, — conquassabit capita in terra multorum.

De torrente in via bibet : — Propterea exaltabit caput.

Gloria Patri et Filio — et Spiritui Sancto.

Sicut erat in principio et nunc et semper — et in secula sæculorum. Amen.

Laudate, pueri, Dominum : — Laudate nomen Domini.

Sit nomen Domini benedictum : — ex hoc nunc et usque in sæculum.

A solis ortu usque ad occasum, laudabile nomen Domini.

Excelsus super omnes gentes Dominus, — et super cœlos gloria ejus.

Quis sicut dominus Deus noster, qui in altis habitat : — et humilia respicit in cœlo et in terra !

Suscitans a terra inopem : — et de stercore erigens pauperem.

Ut collocet eum cum principibus : cum principibus populi sui.

— 41 —

Qui habitare facit steri- | liorum lætantem. Gloria.
lem in domo : matrem fi- |

Laudate Dominum om- | super nos misericordia
nes gentes : laudate eum | ejus, — et veritas Domini
omnes populi. | manet in æternum. Gloria
Quoniam confirmata est |

Ave maris stella, | Qui, pro nobis natus,
Dei mater alma, | Tulit esse tuus.
Atque semper virgo, |
Felix cœli porta. | Virgo singularis,
| Inter omnes mitis.
Sumens illud ave | Nos culpis solutos
Gabrielis ore | Mites fac et castos.
Funda nos in pace |
Mutans Evæ nomen. | Vitam præsta puram
| Iter para tutum,
Solve vincla reis. | Ut, videntes Jesum,
Profer lumen cœcis. | Semper collætemur.
Mala nostra pelle. |
Bona cuncta posce. | Sit laus Deo Patri,
| Summo Christo decus,
Monstra te esse Matrem, | Spiritui sancto,
Sumat per te preces. | Tribus honor unus. Amen.

Ora pro nobis sancta Dei Genitrix.
Ut digni efficiamur promissionibus Christi.

Magnificat — anima mea | Fecit potentiam in bra-
Dominum, | chio suo, — dispersit su-
Et exultavit spiritus meus | perbos mente cordis suis.
— in Deo salutari meo. | Deposuit potentes de se-
Quia respexit humilitatem | de, — et exultavit humiles.
ancillæ suæ, — ecce enim | Esurientes implevit bo-
ex hoc beatam me dicent | nis, — et divites dimissit
omnes generationes. | inanes.
Quia fecit mihi magna | Suscepit Israel puerum
qui potens est, — et sanc- | suum — recordatus mise-
tum nomen ejus. | ricordiæ suæ.
Et misericordia ejus — | Sicut locutus est ad patres
a progenie in progenies, | nostros, — Abraham et se-
timentibus eum. | mini ejus in sæcula.

Gloire à Dieu ! que toute la terre
Tressaille d'amour,
Le Seigneur a fait ce grand jour,
Une vierge est sa mère.

Inviolata, integra et casta es Maria,
Quæ es effecta fulgida cœli porta,
O Mater alma Christi charissima !
Suscipe pia laudum præconia,
Nostra ut pura pectora sint et corpora.
Te nunc flagitant devota corda et ora.
Tua per precata dulcisona
Nobis concedas veniam per secula
O Benigna ! — O Regina ! O Maria !
Quæ sola inviolata permansisti.

O gloriosa virginum,
Sublimis inter sidera,
Qui te creavit parvulum,
Lactente nutris ubere.

Quod Eva tristis abstulit,
Tu reddis almo germine ;

Intrent ut astra flebiles
Cœli recludis cardines.

Tu regis alti janua,
Et aula lucis fulgida :
Vitam datam per virginem,
Gentes redemptæ plaudite.

O sanctissima, o piissima
Dulcis virgo, Maria

Mater amata, intemerata.
Ora, ora pro nobis. (*bis*).

Ora pro nobis, Maria,
Tu advocata peccatorum.
Intercede pro nobis [tum].
Ad Dominum Jesum Chris-

O Maria, tu gloria Jerusa-
[lem,

Tu lætitia Israel, [nostri,
Tu honorificentia populi
Tu ad vocata peccatorum.

Tota pulchra es. Maria,
Et macula originalis non est
Ora, etc.   [in te.

Veni, Creator Spiritus.
Mentes tuorum visita,
Imple superna gratia
Quæ tu creasti pectora.
Qui Paraclitus diceris
Altissimi donum Dei
Fons vivus, ignis, charitas,
Et spiritualis unctio.
Tu septiformis munere,
Digitus paternæ dexteræ.
Tu rite promissum Patris,
Sermone ditans guttura.
Accende lumen sensibus,
Infunde amorem cordibus,
Infirma nostri corporis,
Virtute firmans perpeti.
Hostem repellas longius,

Pacemque dones protinus,
Ductore sic te prævio,
Vitemus omne noxium.
Per te sciamus da Patrem,
Noscamus atque Filium :
Teque utriusque Spiritum
Credamus omni tempore.
Deo Patri sit gloria,
Ejusque soli Filio
Cum Spiritu Paraclito
Nunc et per omne sæculum.
Amen.

Au temps pascal :
Deo Patri sit gloria
Et Filio qui a mortuis
Surrexit, ac Paraclito.
In sæculorum sæcula. Am.

De profundis clamavi ad te Domine : — Domine, exaudi vocem meam.

Fiant aures tuæ intendentes, — in vocem deprecationis meæ.

Si iniquitates observaveris Domine ; — Domine ruis substinebit ?

Quia apud te propitiatio est, — et propter legem tuam sustinui te Domine.

Sustinuit anima mea in verbo ejus : — speravit anima mea in Domino.

A custodia matutina usque ad noctem — speret Israël in Domino.

Quia apud Dominum misericordia : — et copiosa apud eum redemptio.

Et ipse redimet Israel, — ex omnibus iniquitatibus ejus.

Requiem æternam — dona eis Domine.

Et lux perpetua — luatec eis.

A la mort, à la mort,
Pécheur tout finira ;
Le Seigneur à la mort
Te jugera.

Kyrie, eleison.
Christe, eleison.
Kyrie, eleison.
Christe, audi nos.
Christe, exaudi nos.
Pater, de cœli, Deus, miserere nobis.
Fili redemptor mundi Deus
Spiritus Sancte Deus,
Sancta Trinitas unus Deus, miserere nobis.
Sancta Maria, ora pro nobis.
Sancta Dei genitrix, ora pro nobis.
Sancta Virgo virginum,
Mater Christi,
Mater divinæ gratiæ,
Mater purissima,
Mater castissima,
Mater inviolata,
Mater intemerata,
Mater amabilis,
Mater admirabilis,

Mater Creatoris,
Mater Salvatoris,
Virgo prudentissima,
Virgo veneranda,
Virgo prædicanda,
Virgo potens,
Virgo clemens,
Virgo fidelis,
Speculum justitiæ,
Sedes sapientiæ,
Causa nostræ lætitiæ,
Vas spirituale,
Vas honorabile,
Vas insigne devotionis,
Rosa mystica,
Turris Davidica,
Turris eburnea,
Domus aurea,
Fœderis arca,
Janua cœli,
Stella matutina,
Salus infirmorum,
Refugium peccatorum,
Consolatrix afflictorum,

• Auxilium christianorum,
Regina angelorum,
Regina patriarcharum,
Regina prophetarum,
Regina apostolorum,
Regina martyrum,
Regina confessorum,
Regina virginum,
Regina sanctorum omnium,
Regina sine labe concepta,
ora pro nobis.
Agnus Dei, etc. (3 *fois.*)
Christe, audi nos.
Christe exaudi nos.
(300 *jours d'indulgence*).

Miserere mei, Deus : secundum magnam misericordiam tuam.

Et secundum multitudinem miserationum tuarum, dele iniquitatem meam.

Amplius lava me ab iniquitate mea : et a peccato meo munda me.

Quoniam iniquitatem meam ego cognosco : et peccatum meum contra me est semper.

Tibi soli peccavi, et malum coram te feci : ut justificeris in sermonibus tuis , et vincas cum judicaris.

Ecce enim in iniquitatibus conceptus sum : et in peccatis concepit me mater mea.

Ecce enim veritatem dilexisti : incerta et occulta sapientiæ tuæ manifestasti mihi.

Asperges me hyssopo et mundabor : lavabis me, et super nivem dealbabor.

Auditui meo dabis gaudium et lætitiam: et exultabunt ossa humiliata.

Averte faciem tuam a peccatis meis : et omnes iniquitates meas dele.

Cor mundum crea in me, Deus ; et spiritum rectum innova in visceribus meis.

Ne projicias me a facie tua : et Spiritum sanctum tuum ne auferas a me.

Redde mihi lætitiam salutaris tui : et spiritu principali confirma me.

Docebo iniquos vias tuas, et impii ad te convertentur

Libera me de sanguinibus Deus, Deus salutis meæ : et exultabit lingua mea justitiam tuam.

Domine, labia mea aperies : et os meum annuntiabit laudem tuam.

Quoniam si voluisses sacrificium, dedissem utique : holocaustis non delectaberis.

Sacrificium Deo spiritus contribulatus : cor contritum et humiliatum, Deus, non despicies.

Benigne fac, Domine, in bona voluntate tua, Sion : ut ædificentur muri Jérusalem.

Tunc acceptabis sacri-

ficium justitiæ. oblationes | nent super altare tuum
et holocausta : tunc impo- | vitulos.

3me partie.

AVIS POUR LA RETRAITE.

I. MOTIFS DE BIEN FAIRE SA RETRAITE.

1° *Grâce rare*; nous l'avons aujourd'hui; depuis quand ne l'avons-nous pas eue ! quand la reverrons-nous ? Certainement, pour un bon nombre, elle sera la dernière. Par conséquent, saisissons-la au passage dans la crainte qu'elle ne revienne plus pour nous. *Time Jesum transeuntem.* S. Aug.

2° *Grâce précieuse, grâce de choix* que Dieu nous donne par un dessein de spéciale miséricorde. L'abus serait d'autant plus grave que le don est plus précieux : ce serait repousser l'appel de Dieu lorsqu'il est le plus pressant et le plus miséricordieux.

3° *Grâce de salut*, et par conséquent *nécessaire*, pour quelques âmes. Combien d'âmes sont au ciel et qui n'y seraient jamais parvenues, si elles n'avaient rencontré sur leur chemin la grâce puissante d'une retraite ! Combien qui ignorent qu'elles rejettent le salut même, quand elles méprisent la retraite. Pour plusieurs, la retraite est un de ces moyens extraordinaires et tout puissants qui seuls peuvent changer leur vie, et les ramener dans la voie bonne.

4° Pour tous, elle est une grâce de *progrès*. Quel bonheur de pouvoir dire après une bonne retraite : Je suis *devenu meilleur* : j'ai fait un pas vers Dieu, vers le bien, vers l'éternité : à ce progrès correspondra dans le ciel *un degré de plus de gloire, un degré de plus de félicité*.

5° Le pape Pie IX, heureusement régnant, a accordé pour toutes les missions prêchées dans le diocèse de Périgueux une *indulgence plénière*, qu'on peut appliquer aux âmes du purgatoire. Pour la gagner, deux conditions sont requises : 1° assister au moins cinq fois aux exercices de la Mission; 2° communier un des trois derniers jours. (*Indult du 15 mars 1852.*)

II. MOYENS DE BIEN FAIRE SA RETRAITE.

1º Se dire dès l'ouverture et se répéter souvent ensuite : je veux bien faire ma retraite.

2º Assister *dès le commencement* aux exercices, afin d'entendre les premiers avis, qui règlent toute la retraite ; et commencer aussitôt sa retraite ; différer, c'est certainement en diminuer les fruits et s'exposer à les perdre en entier.

3º S'avertir et se réunir, lorsqu'on appartient au même village ou à des villages rapprochés. Combien qui ne viennent pas ou viennent moins souvent parce qu'ils n'ont pas un groupe auquel ils puissent se joindre.

4º Les maîtres et maîtresses de maison vraiment chrétiens, se montreront faciles, sauf le cas de nécessité absolue, pour laisser aller à la mission, et au besoin enverront tour à tour tous ceux de leur maison. Ne regrettons pas les heures données à la retraite, ce sont les plus fécondes de la vie : elles valent plus que les années données au monde et aux affaires, elles valent une éternité.

5º Il est important de se convaincre que la retraite est un bienfait signalé ; que les jours de la retraite, malgré les petits sacrifices qu'ils imposent, ne sont pas des jours d'ennui : l'expérience de tous les jours démontre au contraire qu'une bonne retraite fait sur l'âme une impression des plus douces, et laisse après elle un des souvenirs les plus heureux de la vie. Pas de crainte, pas de défiance, pas de tristesse, mais ouverture de cœur pleine et entière.

6º Se confesser dès que l'on annonce les confessions. La confession est l'acte décisif de la retraite. Son commencement est ordinairement la première et la plus douce consolation de la retraite ; il ouvre l'âme à toutes les grâces ; il est une preuve de bonne volonté donnée à Dieu et récompensée de lui par des grâces abondantes. — Garder pour soi les avis qu'on a reçus.

7º On a dû prier pour la retraite, dès que la première annonce en a été faite par M. le curé. La retraite ouverte, la prière doit redoubler et persévérer tous les jours : quelle retraite bénie si de toutes les âmes de la paroisse, la prière ne cessait de monter vers Dieu, pendant ces saints jours. Prier, c'est coopérer à l'œuvre de l'apostolat, participer à son mérite et attirer sur soi un fruit particulier : Dieu seul sait quelle large part aura dans les fruits d'une retraite une âme, peut être inconnue, qui aura beaucoup prié : — Faire le chemin de la croix ; — prier la Sainte Vierge ; communier pour les pécheurs. — Prier à l'église, prier chez soi, et même, s'il se peut, dans le trajet de sa maison à l'église.

8° Les personnes qui savent lire ne doivent pas se contenter des instructions de la retraite, elles y joindront des lectures pieuses, afin d'entretenir leur esprit dans des pensées de foi et de piété. Elles pourront choisir un des livres indiqués plus loin, ou tout autre qui leur semblera préférable.

9° ZÈLE. Tout chrétien doit se souvenir, au moins pendant une retraite, qu'à chacun de nous Dieu a donné mission selon son pouvoir, pour le salut de son prochain. Pendant la retraite, tout en songeant à soi, on travaille au salut du prochain, par sa prière, plus confiante que jamais, le temps de la retraite étant une heure de grâce spéciale, un temps de conversion, et même, d'après l'expérience, un temps de miracle. Quand la prudence le permet, à la prière on joint le conseil, la sollicitation : souvent des âmes n'attendent que d'être aidées par une parole amie et salutaire, pour prendre une de ces décisions qui renferment le salut. Pour exercer cette œuvre de zèle, il faut parler au nom de la foi, qui nous pénètre des dangers irrémédiables que courent les pécheurs, et de la charité qui nous fait redouter ces malheurs pour nos parents, nos amis, nos frères ; mais ne jamais oublier la discrétion et la réserve, sans lesquelles le zèle deviendrait peut-être nuisible. Enfin, prier Dieu d'éclairer et de faire réussir notre zèle.

III. MOYENS POUR CONSERVER LES FRUITS DE LA RETRAITE.

1° PRENDRE DES RÉSOLUTIONS. Prendre des résolutions *bien précises, en petit nombre, et adaptées à vos besoins.* Qui trop embrasse mal étreint. Une seule résolution bien gardée suffit pour améliorer toute la vie. — Tenez fortement aux résolutions prises et ne laissez pas retomber les bons et généreux désirs que la retraite vous a inspirés.

2° Faire une communion pour remercier Dieu de la grâce de la retraite, et lui demander la persévérance.

3° Consacrer à la Sainte Vierge toutes ses pensées, toutes ses résolutions, et l'en constituer gardienne.

4° L'exécution prompte des résolutions prises sera un des gages les plus sûrs de persévérance. *Dixi nunc cœpi.*

Parmi vos résolutions, placez en première ligne, l'accomplissement des devoirs essentiels de la vie chrétienne, avec un soin et une perfection nouvelle, *non nova sed novè*.

Ce ne sont pas des œuvres nouvelles, mais faites avec des dispositions nouvelles :

1° La prière sans laquelle on n'est pas chrétien. Faites la prière du matin, si souvent manquée, sachez faire la part de Dieu, avant de commencer votre travail : la journée dépend du commencement ; si la première action est une bonne prière, elle aura la bénédiction de Dieu. Faites la prière du soir, sans y manquer jamais, et s'il se peut, en commun : quelle édification et quelle source de bénédiction pour une famille que la prière en commun. Priez dans les peines, dans les tentations, dans toutes les circonstances importantes ; par la prière, c'est-à-dire avec Dieu, on peut tout supporter et tout vaincre.

2° Le travail. Vous travaillez beaucoup ; que cette fatigue ne soit pas perdue pour le ciel : offrez à Dieu toutes vos actions, tous vos travaux, le matin et quelquefois dans la journée. Pour travailler en chrétien et en recevoir la récompense au centuple, il n'est point nécessaire de travailler plus que les autres, mais *mieux* c'est-à-dire de travailler pour plaire à Dieu et faire sa volonté, pour remplir les devoirs que Dieu a imposés à tout homme sur la terre : cette seule pensée changera votre vie et la remplira de mérites sans nombre. Que de sueurs inutiles pour le ciel, parce qu'elles ne furent pas répandues pour lui.

3° Les conversations. Elles occupent une partie notable de la vie et formeront, à notre étonnement peut-être, une partie considérable de notre jugement. Évitez les entretiens longs et inutiles, qui font perdre un temps précieux, nous dégoûtent des pensées et des habitudes sérieuses, et qui toujours, selon la parole de Dieu même, sont remplis de fautes. Évitez dans vos paroles de blesser deux vertus principales : 1°

la charité ; souvenez-vous que la langue est un glaive qui donne la mort ou la vie ; la mauvaise langue distille le venin du serpent. Fuyez la médisance qui déchire le prochain, les absents surtout, se fait un jeu de flétrir la réputation, ne respecte ni parents, ni amis, ni supérieurs; et sème la discorde dans les familles et dans les paroisses.

2° La décence, ne souillant jamais les oreilles des autres ni votre bouche par des paroles inconvenantes; ne permettez pas que d'autres en prononcent devant vous, même par jeu ; elles sont une injure et une épreuve de votre vertu : pensez-y bien. Combien d'âmes ont été perdues par les mauvais discours !

3° La messe du dimanche est pour la semaine ce qu'est la prière pour la journée. Sans la messe, la semaine ne sera pas bénie ; sans la messe, pas de religion, sans la messe, la foi se perd...
Ne vous faites pas illusion sur bien des raisons qui ne sont que de vains prétextes. Tous les dimanches la messe.

4° Fuyez trois sources principales de péché : les tentations, les occasions extérieures et l'oisiveté. Dans les tentations, élevez votre cœur vers Dieu, priez sans retard, sans mollesse et avec persévérance. —Dans les occasions de péché qui vous sont connues, ayez assez de volonté pour ne plus vous y exposer jamais, quelque privation que vous impose cet éloignement ; dans les occasions que vous n'aviez pu prévoir, fuyez au plutôt et priez intérieurement que Dieu vous soutienne. — Fuyez toujours l'oisiveté que Dieu et les hommes condamnent, qui rend inutiles les plus belles qualités, amollit le caractère et fait tomber dans des fautes humiliantes.

5° Fréquentez les sacrements, selon l'attrait intérieur que Dieu vous fait sentir, et selon le conseil de votre confesseur. Ne jamais rester dans l'état de péché, dans lequel toutes les œuvres sont inutiles pour le ciel.

6° Méditez quelquefois les grandes vérités; la mort, peut être si près de nous; le jugement, si terrible et si rigoureux ; l'enfer, séjour de pleurs éternels; le ciel, bonheur sans mesure et sans fin.

7° Priez, priez, priez.

PRIÈRES DIVERSES.

Indulgence plénière

Applicable aux défunts pour tout fidèle qui, s'étant con-fessé et ayant communié, récite dévotement l'oraison suivante devant une image quelconque de Jésus cru-cifié.

PRIÈRE A JÉSUS CRUCIFIÉ.

ORAISON.

Voici, ô bon et très-doux Jésus, que je me prosterne à genoux en votre présence, et qu'avec toute la ferveur de mon âme, je vous prie et je vous conjure de daigner graver dans mon cœur de vifs sentiments de foi, d'espé-rance et de charité, un vrai repentir de mes égarements et une volonté très-ferme de m'en corriger, pendant que je contemple en esprit vos cinq plaies, avec une grande affection et une vive douleur, ayant devant les yeux ce que longtemps à l'avance le prophète David disait de vous, ô bon Jésus : *Ils ont percé mes mains et mes pieds; ils ont compté tous mes os.*

(Dites ensuite quelques prières à l'intention du Souve-rain Pontife, par exemple, cinq *Pater* et cinq *Ave.* — Nouveau décret de Pie IX, 31 juillet 1858.)

CHEMIN DE LA CROIX.

Pour bien faire le Chemin de la Croix et pour en gagner les indulgences, deux conditions suffisent. La *première* est de parcourir réellement les quatorze stations. Si l'exercice se fait en commun, il suffit de faire quelque léger mouvement en se tournant vers les stations. La *seconde* est de méditer sur la Passion en général, ou de penser affectueusement à quelque circonstance de la Passion. On conseille de réciter devant chaque croix un *Pater* et un *Ave*. La confession et la communion ne sont pas nécessaires ; il suffit d'être en état de grâce et d'avoir un sincère repentir de ses péchés. — P. Maurel.

Quand on fait le chemin de la Croix solennellement, on chante d'abord : *O crux ave*. En allant aux stations, on chante : *Sancta mater*. Devant la croix, on dit à genoux le ℣ *Adoramus te Christe et benedicimus tibi.* ℟ *Quia per sanctam crucem tuam redemisti mundum.* On fait ensuite la *considération* ou lecture qu'on termine par un *Pater, Ave, Gloria. Miserere nostri. Fidelium animæ.*

O crux ave spes unica, Mundi salus et gloria ; Auge piis justitiam Reisque dona veniam.	Sancta Mater, istud agas, Crucifixi fige plagas Cordi meo valide.

CONVERSION DE L'AME A DIEU.

Élève-toi, mon âme, vers ton Dieu et ne diffère plus ta conversion d'un seul moment ; le passé n'est plus, l'avenir n'est pas en ton pouvoir, il n'y a que le présent qui soit à toi, et le présent n'est qu'un moment, qui t'est donné pour servir Dieu et mériter l'éternité. Conçois bien la force de ces paroles : un Dieu, un moment, une éternité ; un Dieu qui te regarde, un moment qui t'échappe, une éternité qui t'ôte ou te donne tout pour jamais. Un Dieu que tu sers si peu, un moment que tu ménages si mal, une éternité que tu risques et mets au hasard. O Dieu ! ô moment ! ô éternité ! O Dieu, mon cœur vous regarde, mon cœur vous désire, mon cœur vous cherche pour se donner à vous. Je vous supplie d'en prendre la possession et d'en bannir le péché, l'attache à la créature et l'amour déréglé de moi-même, afin que je vous serve si fidèlement tous les moments de ma vie, que je mérite de vous posséder dans l'éternité. Ainsi soit-il. *(Règlement de vie.)*

CONSÉCRATION AU CŒUR DE MARIE.

O cœur très-saint de Marie ! c'est en vous que je viens

me jeter ; c'est avec toute la confiance et la tendresse dont mon cœur est capable que je me réfugie dans votre très-saint Cœur, ô divine Marie ! Toujours vous serez le digne objet de mon respect et de ma vénération: à qui puis-je rendre plus dignement mes hommages qu'au cœur de la Mère de mon Dieu ? Toujours vous serez le plus doux objet de ma tendresse et de mon amour : à qui puis-je plus justement en consacrer les affections qu'au Cœur de ma tendre et divine Mère ? Toujours vous serez l'objet intime de ma confiance et de mon espérance : à qui puis-je plus sûrement la donner qu'à celle qui, par la libéralité de son Dieu, a dans ses mains toute l'étendue du pouvoir, et porte dans son Cœur toute la tendresse des sentiments ?

Dans mes tentations, vous serez l'asile où j'irai me mettre à couvert des dangers ; dans mes peines, vous serez la source où j'irai puiser la consolation ; dans mes combats, vous serez le soutien dont j'irai implorer le secours ; mais surtout dans les vertus que je pratiquerai, vous serez le modèle que je tâcherai d'imiter. Quand mon cœur sera dans la tiédeur et la langueur, c'est auprès de vous que j'irai me ranimer ; quand il tombera dans l'abattement et la faiblesse, c'est auprès de vous que j'irai le fortifier ; quand les flots agités de la crainte et de la frayeur viendront l'alarmer, c'est auprès de vous que j'irai pour le rassurer. Si mes amis m'abandonnent, si mes ennemis me poursuivent, si la vue de mes péchés me consterne, si la contagion du monde veut me séduire, si les puissances de l'enfer s'arment contre moi, j'irai me jeter avec confiance dans votre Cœur, comme un faible enfant dans le cœur d'une mère tendre et puissante, et dans ce Cœur saint je suis assurée de trouver toujours une ressource à tous les maux qui pourraient m'assaillir.

Ainsi en sera-t-il durant toute ma vie, mais surtout au moment de ma mort. Cœur saint, Cœur tendre, Cœur compatissant de Marie, soyez mon refuge, soyez ma force, soyez ma consolation, quand le moment sera venu, recevez les derniers soupirs de mon cœur ; et qnand je quitterai cette terre d'exil, obtenez-moi une place dans le céleste séjour, où tous les cœurs réunis loueront, célébreront à jamais le Cœur adorable du Fils, et avec lui et en lui, le Cœur saint de la mère. Ainsi soit-il.

PRIÈRE POUR DEMANDER A DIEU LA CONSERVATION DE L'INNOCENCE BAPTISMALE.

O mon Dieu et mon père ! qui m'avez mise au nombre de vos enfants, en me purifiant de la tâche originelle par les eaux salutaires du baptême, accordez-moi la grâce de conserver toujours cette innocence baptismale qui me rend agréable à vos yeux. Ne permettez pas, Seigneur, qu'après avoir été lavé d'un péché commis par la révolte de la volonté d'autrui, je me rende coupable devant vous par quelque désobéissance de ma propre volonté. Faites que mon esprit ne sorte des ténèbres de l'enfance que pour vous connaître et pour suivre vos lumières ; que mon cœur n'entre en possession de sa liberté que pour vous aimer et pour vous consacrer toutes ses affections. Je vous les consacre, ô mon aimable Père, et dès ce moment je forme, avec le secours de votre grâce, la résolution de vivre et de mourir dans votre saint amour.

O mon Sauveur ! vous m'avertissez par vos prophètes de conserver précieusement mon innocence. Ah ! Seigneur, chargez-vous de ce soin ; je me défie de moi-même et de toute ma vigilance. Vous à qui il a tant coûté pour rétablir l'homme déchu de l'état de grâce, faites moi connaître le prix de cette justice originelle, et garantissez moi des dangers auxquels mon innocence est exposée, fût-ce au prix de mes intérêts les plus chers et de ma vie même. J'aurai toujous assez vécu, si je n'ai passé aucun instant dans votre disgrâce. Eh quoi ! je ne craindrais rien tant que de perdre l'amitié de ceux à qui je dois le jour ; la consolation de m'en voir tendrement aimée est le sentiment le plus doux de ma vie, et je pourrais consentir à perdre votre saint amour, vous qui êtes le meilleur de tous les pères ! Qu'on ne me parle pas de la ressource de la pénitence ; elle est une faveur singulière de votre part, mais elle suppose qu'on a eu le malheur de vous offenser, et c'est à quoi je ne puis consentir. Non, tant que je vivrai, je ne m'écarterais jamais des voies de l'innocence.

Formez, Seigneur, animez vous-même dans mon cœur l'ardente prière que je vous adresse, puisqu'elle vous plaît, et que rien ne m'est plus avantageux que son accomplissement ; car je ne connais qu'imparfaitement le prix de la faveur que je vous demande. On me l'a fait valoir comme le plus beau privilége de mon âge ; mais que mes lumières sont faibles ! que mes désirs sont languissants ! Envoyez-moi un rayon de votre grâce, ô mon Dieu ! un tendre sentiment de votre amour qui me fixe invariablement dans le bien ! Oh ! en quel lieu serai-je à l'abri du péché ! Qui pourrait m'assurer des jours toujours purs et innocents ! C'est de vous seul que j'attends cette grâce, et je vous la demande par l'intercession de Marie, la plus pure des vierges.

PRIERE POUR DEMANDER A DIEU LA PURETE DE L'AME ET DU CORPS.

Seigneur, Dieu tout-puissant, qui avez créé mon âme à votre ressemblance, ne souffrez pas que je souille votre image. Vous avez menacé de perdre celui qui profanerait votre saint temple ; mon corps, Seigneur, est ce temple sacré où le Saint-Esprit réside par sa grâce : c'est ce temple que Jésus-Christ a sanctifié tant de fois par sa présence, lorsque j'ai mangé son corps et bu son sang adorable. Ne souffrez donc pas que ce temple soit aujourd'hui profané par des abominations que vos yeux si saints ne peuvent souffrir; et, puisque vous m'ordonnez de conserver ce vase fragile de ma chair dans la sainteté, donnez-moi la grâce d'accomplir ce que vous me demandez, et commandez-moi ensuite tout ce qu'il vous plaira.

Je sais, ô mon Dieu, que cette vertu passe les forces de la nature; je reconnais, avec le plus sage des hommes, que personne ne peut vivre dans la continence sans une grâce particulière. C'est pour cela que je m'adresse à vous, ô Dieu de nos pères ! non plus le Dieu d'Abraham, d'Isaac et de Jacob, mais le Dieu de tant de vierges de l'un et de l'autre sexe, qui ont fleuri dans le christianisme, et qui, par votre grâce, ont vécu sur la terre comme les anges vivent dans le ciel. Ils étaient faibles aussi bien que moi ; ainsi ma faiblesse ne se décourage point. Si vous me soutenez, je puis tout aussi bien qu'eux, en celui qui me fortifie.

Je sais encore, ô mon Dieu, que, pour faire le mal, je pourrais bien éviter l'œil des hommes; mais puis-je me soustraire aux vôtres ? Le jour et la nuit, tout est égal pour vous, la lumière et l'obscurité, le monde et la retraite ; vous percez, vous découvrez, vous éclairez les pensées les plus cachées de mon cœur, et je ne puis pécher sans vous avoir pour témoin de mes actions les plus secrètes. En faudrait-il davantage pour vivre dans la fidélité que je vous dois ? Je ne pourrai me résoudre à pécher en présence de ceux que je révère dans le monde, comment pourrais-je me résoudre à pécher en présence de mon Dieu ? Qu'on me donne un lieu où vous ne soyez pas, Seigneur : car je ne puis soutenir, en péchant, les yeux de mon Dieu et de mon Père.

Ô Agneau sans tâche ! qui avez choisi une vierge pour mère, inspirez-moi un amour tendre pour la pureté, une grande horreur du vice contraire, un parfait éloignement des occasions, un courage qui ne se laisse point amollir par le plaisir, et qui me fasse combattre pour vous jusqu'à la mort. Ainsi soit-il.

PRIERE POUR DEMANDER LA GRACE D'UNE BONNE MORT.

Prosternée devant le trône de votre adorable majesté, je viens vous demander, ô mon Dieu ! la dernière de toutes les grâces, la grâce d'une bonne mort !

Quelque mauvais usage que j'aie fait de la vie que vous m'avez donnée, accordez-moi de la bien finir et de mourir dans votre amour.

Que je meure comme les saints patriarches, quittant sans regret cette vallée de larmes , pour aller jouir du repos éternel dans ma véritable patrie !

Que je meure comme le bienheureux saint Joseph, entre les bras de Jésus et de Marie, en répétant ces doux noms, que j'espère, bénir pendant toute l'éternité !

Que je meure comme la très-sainte Vierge, embrasé de l'amour le plus pur, brûlant du désir de me réunir à l'unique objet de toutes mes affections !

Que je meure comme Jésus, sur la croix, dans les sentiments les plus vifs de haine pour le péché, d'amour pour mon Père céleste, et de résignation au milieu des souffrances !

Père saint, je remets mon âme entre vos mains, faites moi miséricorde !

Sainte Marie, mère de Dieu, priez pour moi, pauvre pécheur maintenant et à l'heure de ma mort !

Ange du ciel, fidèle gardien de mon âme ; grands

saints que Dieu m'a donnés pour protecteurs, ne m'abandonnez pas à l'heure de ma mort !

St Joseph, obtenez moi, par votre intercession, que je meure de la mort des justes. Ainsi soit-il.

Jésus, Joseph et Marie,
Je vous donne mon cœur, mon esprit et ma vie !
Jésus, Joseph et Marie,
Assistez-moi durant mon agonie !
Jésus, Joseph et Marie,
Faites qu'en paix je meure en votre compagnie.

LIVRES DE PIÉTÉ

QU'ON DEVRAIT TROUVER DANS LES FAMILLES CHRÉTIENNES.

Règlement de Vie.

Journée du Chrétien.

Paroissien romain.

Vie de Notre-Seigneur J.-Christ.

La Vie des Saints.

Imitation de Jésus-Christ.

Imitation de la Sainte-Vierge.

Introduction à la Vie dévote.

Combat spirituel.

Pensez-y bien.

Guide des pécheurs (Grenade).

La Doctrine chrétienne.

Manuel du Pénitent.

Un livre de Méditations.

La Semaine religieuse du diocèse.

Périgueux, imprimerie Boucharie et Cᵉ.

Approuvée par N. S. P. le Pape.

(*7 ans d'indulgence.*)

℣ Adjutorium nostrum in nomine Domini. ℟ Qui fecit cœlum et terram.

℣ Dominus vobiscum. ℟ Et cum spiritu tuo.

Oremus. Quæsumus, omnipotens Deus, pueris istis, pro quibus tuam deprecamur clementiam, bene☩ dicere dignare, et per virtutem Sancti Spiritus corda eorum corrobora, vitam sanctifica, castimoniam promove, sensus eorum bonis operibus unice intentos custodi, prospera tribue, pacem concede, salutem confer charitatem largire, et ab omnibus diabolicis, atque humanis insidiis tua protectione et virtute semper defende, ut, te miserante, paradisi requiem tandem feliciter assequantur. Per Christum Dominum nostrum. ℟. Amen.

Oremus. Domine Jesu Christe , qui parvulos tibi oblatos, et ad te venientes, complectebaris (*hic ponat manus super capita puerorum*) manusque super illos imponens, eis benedicebas dicens : « Sinite » parvulos venire ad me, et nolite prohibere eos : » talium est enim regnum cœlorum, et Angeli eorum » semper vident faciem Patris mei ; » respice, quæsumus, ad puerorum et puellarum præsentium devotionem, et benedictio tua copiosa super illos descendat, ut in tua gratia et charitate proficiant, te sapiant, te diligant, te timeant, mandata tua custodiant, et ad exoptatum finem perveniant, per te, Salvator mundi, qui cum Patre et Spiritu Sancto vivis et regnas Deus in secula sæculorum. ℟. Amen.

Benedictio Dei omnipotentis Pa☩tris et Fi☩lii, et Spiritus☩Sancti descendat super vos, custodiat atque dirigat vos, et maneat semper vobiscum. ℟. Amen.

(*Deinde aspergantur aqua benedicta.*)

Prière pour la conversion des pécheurs que l'on doit réciter tous les jours de la retraite.

O Dieu de bonté, Créateur de nos âmes, qui ne voulez pas la mort du pécheur mais son retour à vous, et qui lui adressez dans ces jours une nouvelle et pressante invitation, daignez écouter les prières que nous vous faisons pour ces âmes créées et formées à votre image et ressemblance : voilà que l'enfer menace d'en faire sa proie au mépris de votre miséricorde. Oubliez-vous, ô mon Dieu, que c'est pour leur salut, que Jésus-Christ, votre Fils, a souffert la mort la plus ignominieuse ; ne permettez pas qu'il soit plus longtemps pour eux un objet d'indifférence et de mépris. Mais laissez-vous fléchir par les prières de vos élus et de la sainte Église votre épouse. Oubliez leurs égarements et leurs infidélités ; dissipez leur aveuglement afin qu'ils reconnaissent dans cette retraite celui que vous avez envoyé pour sauver tous les hommes, Jésus-Christ, votre Fils, en qui sont le salut, la vie et la résurrection ; par qui nous avons été sauvés, et délivrés et de qui nous attendons toute gloire pendant les siècles des siècles.

MEMORARE.

Souvenez-vous, ô très-douce vierge Marie, qu'on n'a jamais entendu dire qu'aucun de ceux qui ont eu recours à votre protection, imploré votre assistance, et réclamé votre intercession, ait été abandonné. Animé d'une pareille confiance, ô Vierge des vierges et notre Mère, je cours me réfugier auprès de vous, et gémissant sous le poids de mes fautes, je me prosterne à vos pieds. Veuillez, ô mère du Verbe, ne point mépriser mes prières, mais écoutez-les favorablement et daignez les exaucer.

Ainsi soit-il.

(300 *jours d'indulgence.*)

Saint Front, père de notre foi, priez pour nous.
Saint Vincent de Paul, priez pour nous.
Saint N....., patron de cette paroisse, priez pour nous.

IMPRIMATUR.

Périgueux, le 1ᵉʳ mars 1868.

M. DE S. EXUPÉRY, *vicaire-général.*